Un Ami de l'Abbé de Rancé

Mgr Louis d'Aquin

Évêque de Sées

PAR

Louis DUVAL

ALENÇON
Typographie et Lithographie Alb. Manier
5, Place d'Armes

1902

A M. Léopold Delisle
respectueux hommage

Louis Duvau

Un Ami de l'Abbé de Rancé

Mgr LOUIS D'AQUIN

Évêque de Sées

PAR

Louis DUVAL

ALENÇON

TYPOGRAPHIE ET LITHOGRAPHIE ALB. MANIER

5, Place d'Armes, 5

1902

Un Ami de l'Abbé de Rancé

Mgr Louis d'AQUIN

Évêque de Sées

Parmi les figures remarquables que renferme la galerie des évêques de Sées, il n'en est pas de plus intéressante et peut-être de moins connue que celle de Mgr Louis d'Aquin, auquel M. l'abbé Dumaine, vicaire général de Sées, vient de consacrer une importante étude (1).

I

Nous nous plaignons, non sans raison, des difficultés de notre temps. Celui où vécut le prélat dont M. l'abbé Dumaine vient de nous révéler la vie privée et les actes publics ne fut pas moins tourmenté

(1) DUMAINE (l'abbé L.-V.), vicaire général de Sées. *Mgr Louis d'Aquin, évêque de Sées.* — 1667-1710. — Librairie Vie et Amat, Paris. — La Chapelle-Montligeon, imprimerie-librairie de N.-D. de Montligeon, 1902. In-8° X-692 p. in-8° pl.

que le nôtre. Grâce aux documents authentiques produits pour la première fois par M. le vicaire général de Sées, nous constatons que sous le règne du grand Roi, au temps de Bossuet et de Fénelon, la lutte des idées et des intérêts n'était pas moins ardente que de nos jours et que dans cette mêlée, il y eut des heures où il était difficile à l'honnête homme de reconnaître de quel côté était la vérité et la justice.

La sincérité de l'auteur ajoute encore au mérite de son ouvrage. Il est de ceux qui, comme le dit Montaigne, doivent être loués pour le soin et la diligence qu'ils mettent à recueillir et à enregistrer, à la bonne foi, tout ce qui vient à leur notice, « nous laissant le jugement entier pour la connaissance de la vérité ».

Grâce à M. l'abbé Dumaine, nous pouvons ainsi nous rendre compte de l'élévation prodigieuse, en pleine monarchie absolue, d'une famille de juifs convertis, originaires de Carpentras, qui en moins de cinquante ans, parvinrent à occuper les premières dignités de l'Etat.

Antoine d'Aquin, frère aîné de l'évêque de Sées, en effet, avait été nommé en 1688 intendant de la généralité de Moulins ; il acheta en 1694 la charge de président au

Grand Conseil. Son oncle paternel était Luc d'Aquin, successivement évêque de Saint-Paul-Trois-Châteaux et de Fréjus ; son oncle maternel, Edouard Vallot, était évêque de Nevers ; son père, Antoine d'Aquin, était premier médecin de la Reine ; il devint premier médecin du Roi et intendant de Madame la Dauphine. Louis d'Aquin lui-même fut tenu sur les fonts par le grand Condé et par la reine Marie-Thérèse. Ils avaient la prétention de descendre directement des princes de Capoue et des comtes d'Aquino, dont était issu saint Thomas d'Aquin. Cette illustre origine est affirmée dans le testament de Louis-Henri d'Aquin, père d'Antoine, qui avant de mourir, adressa à ses enfants des conseils qui peuvent paraître singuliers si l'on songe à la véritable origine des d'Aquin :

« Ne vous enorgueillissez pas de ce que vous êtes sortis d'une naissance illustre. Au contraire, quand vous serez à même de servir le Roy, mon maistre, après Dieu, servez-le en bons et fidèles subjets. Nous avons esté souverains : nous aurions trouvé mauvais que nos subjets ne nous eussent pas bien servi. Ainsi, il est dans l'ordre que vous, qui estes subjets du Roy de France, le serviez bien... Vous descendez des princes de Capoue et de l'illustre famille des comtes d'Aquin, souverains d'une ville qui était autrefois fameuse, mais que l'Empereur Conrad a réduite à trente cinq feux, vu que nos ancêtres lui auraient tenu trop longtemps tête...

« Que ces vains titres ne vous fassent pas manquer à ce que vous devez à l'illustre maison des Bourbons, auxquels je dois tout, la reine Marie de Médicis ayant plusieurs fois assisté votre grand père d'argent. »

Le lecteur pourra reconnaître, comme nous, dans ce document, s'il est authentique, le caractère d'insolence et de fausseté propre à la race.

On raconte, d'ailleurs, dans la vie des d'Aquin plusieurs traits de ce genre, difficiles à expliquer autrement que par l'atavisme. Louis-Henri d'Aquin, dont on vient de citer le testament, n'était pas seulement médecin mais encore courtier en pierreries et traducteur de commentaires écrits en langue hébraïque, sur le livre de *Job* et sur *Esther*. Son fils Antoine, devenu premier médecin du Roi, fut chassé de la cour en 1693, pour ses importunités, son insolence et mourut en exil à Vichy, non loin de Moulins, où son fils aîné l'intendant ne tarda pas à être remplacé. Les causes de cette disgrâce sont d'ailleurs ainsi rapportées par l'abbé Legendre :

« D'Aquin père, premier médecin de Louis XIV, avait été fort longtemps dans la plus haute faveur, parce que le Roi était persuadé qu'il devoit sa bonne santé aux sages conseils de cet Esculape. Dans cette toute puissance, ce médecin, de race juive, n'avait cessé de demander et de prendre à toutes mains. On en dit un étrange exemple. Un chirurgien, nommé Dutertre, pour être chirurgien du Roi, avait promis deux mille louis au premier médecin, sous cette condition que l'argent ne seroit point compté que Dutertre n'eût saigné le Roi. Le premier médecin pour le mettre en possession de la charge, ordonna que le Roi, qui se portoit bien et qui étoit alors au siège de Mons, seroit saigné par précaution. Ce ne fut que longtemps après que l'on découvrit ce mystère d'iniquité. »

Mme de Maintenon aurait alors profité de la colère du roi pour faire immédiatement chasser cet émule trop hardi du bon Coictier, médecin de Louis XI.

II

Luc d'Aquin, évêque de Fréjus n'est guère mieux traité par l'abbé Legendre, particulièrement à cause de son avarice. Les démêlés qu'il eut avec son neveu, l'évêque de Sées, furent des plus scandaleux. Il avait donné sa démission en faveur de celui-ci, dans l'espérance d'obtenir, en échange, les riches abbayes dont il était pourvu. Ses calculs ayant été déçus, il en conçut une grande animosité contre son neveu, déjà nommé à l'évêché de Fréjus et rétracta sa démission, prétendant qu'elle lui avait été arrachée de force. Bref, tous les torts paraissent avoir été de son côté.

Quant à Louis d'Aquin, les meilleurs juges s'accordèrent à reconnaitre que sa conduite avait été exempte de reproches. Il finit par offrir à cet oncle, avide et déraisonnable, une pension de 10,000 livres et lui-même, pour rendre complètement la paix à l'église de Fréjus, que cette querelle de famille avait agitée, il se démit de cet évêché et accepta en échange celui de Sées qui était loin de valoir celui de Fréjus dont les revenus étaient de 28,000 livres.

Louis d'Aquin était d'ailleurs un homme d'un mérite reconnu. Il avait été nommé agent du clergé à l'âge de trente ans, et dans ce poste éminent, il avait donné la mesure de son aptitude aux affaires et de la supériorité de son esprit. L'abbé Legendre et Saint-

Simon qui ne sont pas tendres pour les d'Aquin, ne font aucune difficulté de le reconnaître. Ce témoignage, joint à celui d'hommes comme Bossuet et l'abbé de Rancé, ne permet pas de douter que, malgré sa jeunesse, il ne fût digne d'occuper le siège illustré par Pierre Duval, par Louis du Moulinet, par Claude de Morenne, par Jean Bertaut, par Suarez, pour ne citer que quelques noms.

Après la disgrâce de son père, rude épreuve pour un jeune homme élevé à la Cour, auquel toutes les ambitions semblaient permises, les démêlés pénibles qu'il eut avec son oncle et qui le forcèrent à accepter un évêché bien inférieur à celui auquel il avait été d'abord nommé, loin de l'abaisser, fortifièrent son caractère et eurent pour conséquence de favoriser la maturité précoce de son esprit. L'exemple de l'abbé de Rancé, son illustre diocésain, comme lui comblé des dons de la fortune dès sa prime jeunesse, qu'il eut le bonheur de pouvoir observer de près et qu'il assista à ses derniers moments, contribua également, croyons-nous, à l'amener à un détachement complet de toutes visées ambitieuses, et à n'envisager dans la dignité épiscopale que la sainteté des devoirs qui y sont attachés.

Les nombreux documents, presque tous inédits, mis en œuvre par M. l'abbé Dumaine, donnent un résumé très complet et plein d'intérêt de l'administration épiscopale de Mgr d'Aquin, qui occupa le siège de Sées de 1698 à 1710. Cette administration fut des plus actives et des plus pénibles. Mgr d'Aquin n'épargna ni peines, ni fatigues, ni dépenses pour remplir avec le zèle le plus méritoire, les services de sa charge. Le recueil de ses visites épiscopales est un des documents les plus précieux que nous possédions sur l'état du clergé, des églises, des paroises, des écoles du diocèse de Sées, à la fin du règne de Louis XIV. M. l'abbé Dumaine, nous a donné lui-même les plus curieux extraits des actes nombreux de l'épiscopat de Mgr d'Aquin.

Les luttes qu'il eut à soutenir pour réformer les abus qui s'étaient introduits dans l'administration du diocèse pendant une longue vacance du siège de Sées, tiennent une grande place dans ces pages. Des divisions profondes existaient, en outre, dans le clergé, à l'occasion des querelles théologiques, si ardentes à cette époque et aussi par suite de certaines rivalités d'influence qu'on aperçoit sans peine au fond de tout cela. Dans un pareil état d'esprit, les actions les plus méritoires, les efforts les plus sincères en vue du bien à opérer, sont souvent dénaturés par la passion et au lieu de devenir des sujets d'édification sont représentés comme des chefs d'accusations, souvent d'autant plus perfides qu'elles sont imprécises et par cela même insaisissables. Qui croirait, par exemple, que la fondation d'un séminaire épiscopal à Sées créa à Mgr d'Aquin des hostilités de la part de personnes très sages et très respectables, mais accessibles comme tous les autres, aux petites passions humaines? C'est pourtant ce qui eut lieu. On craignit que le nouveau séminaire ne fît tort au collège d'Alençon, alors extrêmement florissant.

De même pour les jansénistes, Mgr d'Aquin, dans la recherche et la dénonciation des erreurs et des fausses doctrines qui incombent à un évêque, fit preuve de sagesse, de modération, de bonté à l'égard de ceux qui pouvaient être soupçonnés de pactiser avec les partisans de ces théories, aujourd'hui absolument oubliées. Il n'en fallut pas davantage pour que certains militants du parti contraire l'accusassent d'une bienveillance coupable à l'égard des fausses doctrines. Fénelon lui-même, le doux et sensible Fénelon, paraît s'y être laissé prendre et avoir donné quelque créance aux bruits malveillants et calomnieux que les ennemis de l'évêque de Sées avaient soin de répandre au loin contre lui, alors qu'il se dévouait tout entier au relèvement des esprits et des caractères, à l'apaisement des passions mauvaises dans son diocèse.

Tant que le P. de la Chaise, confesseur du Roi, vécut, il tint bon contre les intrigues de toutes sortes dirigées contre lui, particulièrement de la part de certains membres du clergé et de la noblesse. A la fin, Louis XIV se laissa gagner : la disgrâce de Mgr d'Aquin devint publique à la Cour et bientôt jusque dans la province. Les signes de défiance qu'il remarqua à son dernier voyage à Versailles furent un coup cruel pour lui ; car il avait reçu du Roi des témoignages de bienveillance qui semblaient devoir le préserver d'une chute anssi rude.

Des souffrances plus vives vinrent l'atteindre au cœur. La guerre de la succession d'Espagne, les rigueurs exceptionnelles de l'hiver de 1709, la disette qui en résulta l année suivante, enfin les fièvres contagieuses qui se déclarèrent à Sées et qui décimèrent le ville, furent comme une marée montante sous laquelle son âme vigoureuse devait céder. La mort de son neveu, Armand-François d'Aquin, fils de l'ancien intendant de Moulins, qu'il avait appelé près de lui et qu'il avait pourvu de la prébende de Carrouges, fut pour lui comme le signal de sa fin prochaine. Quelques jours après il monta dans la chaire de la cathédrale et comme un autre Belzunce, il s'offrit lui-même en victime pour le salut de son peuple. « Frappez, Seigneur, s'écria-t-il, frappez le pasteur et épargnez le troupeau ».

Son testament, publié en entier par M. l'abbé Dumaine, est un monument de sa piété et de son humilité et de sa charité. Il légua presque tous ses biens aux pauvres.

En résumé, sans parler de la partie biographique, traitée de main de maître par M. l'abbé Dumaine et dont la lecture se recommande particulièrement au clergé et aux fidèles du diocèse de Sées, la vie de Mgr d'Aquin, grâce à l'abondance des documents qu'elle contient, sera un vrai régal, non seulement pour les érudits, mais aussi pour les délicats dont parle Montaigne.

Les bibliophiles, eux aussi, y pourront trouver leur compte, car l'ouvrage, orné de vues et de plans, de portraits, de dessins, est édité avec un véritable luxe. Le département de l'Orne a donc le droit, à tous les titres, d'être fier de cette publication.

Le goût des beaux livres refleurit parmi nous et l'un des principaux rénovateurs de l'art typographique dans la seconde moitié du XIXe siècle, Poulet-Malassis, compte dans sa ville natale des successeurs dont il aurait droit d'être fier.

Alençon. — Typ. et lith. ALB. MANIER

www.ingramcontent.com/pod-product-compliance
Lightning Source LLC
LaVergne TN
LVHW010415240826
846091LV00020B/4034

* 9 7 8 2 0 1 9 2 1 6 7 1 9 *